NUESTRAS COMUNIDADES

ERES PARTE DE UNA COMUNIDAD ESTATAL

THERESA EMMINIZER
Traducido por Cecilia González Godino

Gareth Stevens PUBLISHING

Please visit our website, www.garethstevens.com. For a free color catalog of all our high-quality books, call toll free 1-800-542-2595 or fax 1-877-542-2596.

Cataloging-in-Publication Data
Names: Emminizer, Theresa.
Title: Eres Parte de Una Cominidad Estatal / Theresa Emminizer
Description: New York : Gareth Stevens Publishing, 2020. | Series: Nuestras Comunidades | Includes glossary and index.
Identifiers: ISBN 9781538250181 (pbk.) | ISBN 9781538250204 (library bound) | ISBN 9781538250198 (6 pack)
Subjects: LCSH:State governments–United States–Juvenile literature. | Community life--Juvenile literature.
Classification: LCC JK2408.E463 2020 | DDC 320.473–dc23

Published in 2020 by
Gareth Stevens Publishing
111 East 14th Street, Suite 349
New York, NY 10003

Translator: Cecilia González Godino
Editor, Spanish: Alberto Jiménez
Designer: Sarah Liddell
Editor: Theresa Emminizer

Photo credits: cover, p. 1 (girl) iofoto/Shutterstock.com; cover, p. 1 (boy) Jeka/Shutterstock.com; background texture used throughout april70/Shutterstock.com; papercut texture used throughout Paladjai/Shutterstock.com; p. 5 MattiaATH/Shutterstock.com; p. 7 Pressmaster/Shutterstock.com; p. 9 Felix Lipov/Shutterstock.com; p. 11 Rob Crandall/Shutterstock.com; p. 13 wavebreakmedia/Shutterstock.com; p. 15 Box Lab/Shutterstock.com; p. 17 GABRIELLE LURIE/Stringer/AFP/Getty Images; p. 19 Dmytro Zinkevych/Shutterstock.com; p. 21 SinnartCJ/Shutterstock.com.

Printed in the United States of America

CPSIA compliance information: Batch #CW20GS: For further information contact Gareth Stevens, New York, New York at 1-800-542-2595.

CONTENIDO

Las palabras del glosario se muestran en **negrita** la primera vez que aparecen en el texto.

Cincuenta estados

¿En qué estado vives? Puede que vivas en el sur de Estados Unidos, donde Texas hace frontera con México, o en el norte, donde Alaska hace frontera con Canadá, ¡o en algún lugar intermedio! Cada uno de los estados de nuestro país tiene su propia comunidad.

UNITED STATES
OF AMERICA
MEXICO
Gulf of Mexico
Rocky Mountains
Great Basin
Vancouver
Kelowna
Lethbridge
Medicine Hat
Moose Jaw
Regina
Winnipeg
Brandon
Lake of the Woods
Fort Frances
Thunder Bay
L. Superior
Sault Ste Marie
ONTARIO
Seattle
Tacoma
4390 Mt. Rainier
Spokane
Columbia
Portland
Salem
Eugene
OREGON
WASHINGTON
Havre
Great Falls
Missouri
Glendive
Minot
NORTH DAKOTA
Helena
MONTANA
Butte
Bozeman
Billings
Bismarck
Fargo
Duluth
MINNESOTA
IDAHO
Boise
Yellowstone Nat. Park
SOUTH DAKOTA
Pierre
Rapid City
Pocatello
Snake R.
4202
WYOMING
Sioux Falls
St. Paul
Minneapolis
WISCONSIN
Green Bay
Escanaba
MICHIGAN
L. Huron
L. Michigan
Klamath Falls
Casper
La Crosse
Mississippi
Great Salt Lake
Ogden
Winnemucca
NEBRASKA
Sioux City
IOWA
Milwaukee
Madison
Grand Rapids
Flint
Toronto
Niagara Falls
Lansing
Chicago
London
Detroit
L. Erie
Erie
Cheyenne
North Platte
Omaha
Lincoln
Davenport
Des Moines
Reno
Salt Lake City
Carson City
South Lake Tahoe
UTAH
Platte
Peoria
Gary
Toledo
Cleveland
Akron
INDIANA
OHIO
ILLINOIS
Denver
Vail
4399
Mt. Elbert
Colorado Springs
Grand Junction
Topeka
Springfield
Dayton
Pittsburgh
Columbus
Indianapolis
Cedar City
Richfield
NEVADA
Pueblo
Dodge City
KANSAS
Kansas City
St. Louis
Jefferson City
Cincinnati
Washington
Mt. Whitney 4419
Durango
COLORADO
Wichita
Evansville
Frankfort
Louisville
Charleston
Richmond
Las Vegas
Colorado
MISSOURI
Springfield
KENTUCKY
Grand Canyon
Gallup
Santa Fe
Tulsa
Nashville
Knoxville
Roanoke
VIRGINIA
Flagstaff
Amarillo
Appalachian
2037
Greensboro
Raleigh
S. Bernardino
ARIZONA
Albuquerque
Oklahoma City
ARKANSAS
Memphis
TENNESSEE
NORTH
Greenville
Charlotte
Anaheim
Phoenix
NEW MEXICO
3660
OKLAHOMA
Little Rock
Huntsville
Chattanooga
CAROLINA
San Diego
Tijuana
Ensenada
Lubbock
Fort Worth
MISSISSIPPI
Birmingham
Atlanta
Columbia
SOUTH CAROLINA
Mexicali
Tucson
Las Cruces
Dallas
Jackson
ALABAMA
Macon
Myrtle Beach
El Paso
Abilene
Waco
Shreveport
Charleston
Nogales
Ciudad Juárez
Odessa
TEXAS
Natchez
Montgomery
Columbus
GEORGIA
Savannah
Austin
Beaumont
Baton Rouge
Mobile
Pensacola
Tallahassee
Jacksonville
LOUISIANA
New Orleans
Houston
S. Antonio
Galveston
R. Grande
Chihuahua
St. Augustine
Daytona Beach
C. Canaveral
Nuevo Laredo
Corpus Christi
Tampa
Orlando
St. Petersburg
West Palm Beach
Grd. Bahama
Fort Lauderdale
Abaco
Brownsville
Monterrey
Matamoros
Miami
Nassau
Key West
Andros
Str. of Florida
Havana
Santa Clara
5

Tu comunidad estatal

Una comunidad es un grupo de personas que viven y trabajan juntas. Todos los habitantes de tu estado forman parte de tu comunidad estatal. Eso incluye a los líderes del Gobierno y a los ciudadanos de a pie, como tus amigos y vecinos.

El Gobierno estatal

Cada estado cuenta con su propio Gobierno y sus propias leyes. El gobernador es el líder del Gobierno estatal, que se encarga de la sanidad, de la **educación** y del **bienestar** de los ciudadanos, las personas que viven en ese estado.

STATE OF UTAH
STATE OF UTAH

Los roles civiles

Los gobiernos estatales están constituidos por **representantes electos**, elegidos por el pueblo. Los ciudadanos escogen cómo se dirigirá el estado votando a estos líderes. Cada ciudadano tiene voz y desempeña un rol, un papel, especial en su estado.

VOTE

¿Cuál es tu papel?

Tu Gobierno estatal toma decisiones que **influyen** en tu vida diaria. Por eso, es importante que desempeñes un rol **activo** en tu comunidad estatal. Aunque no seas suficientemente mayor como para votar, hay muchas formas de contribuir.

Conoce tu estado

Aprender la historia de tu estado es una forma divertida de desempeñar un papel activo en la comunidad estatal. ¿Cuándo se convirtió en un estado más del país? ¿Cómo es su **bandera**? ¿Cuenta con un lema, con una frase que lo represente?

MONTANA
ORO Y PLATA

¡Participa!

También serás un buen miembro de la comunidad si participas en los **eventos** estatales. Únete a los desfiles, recoge alimentos envasados para las personas con menos recursos o recauda dinero para alguna causa que te parezca importante.

Sé un modelo a seguir

Una comunidad estatal comienza con el trabajo diario de personas como tú. Si respetas las reglas, eres amable con tus vecinos y mantienes la limpieza de calles y parques, mostrarás a los demás cómo transformar el estado en un lugar del que sentirse orgulloso.

Tu estado y tú

El estado en el que vives forma parte de ti y tú formas parte de él. Tienes en tus manos el poder de mejorar tu comunidad estatal. Se trate de un estado grande o pequeño, sus habitantes deben ayudarse entre sí. ¡Empieza hoy mismo a colaborar!

GLOSARIO

activo: que participa en las actividades de un grupo o en eventos para una causa.

bandera: pieza de tela con un dibujo que representa a un estado, un país o un grupo.

bienestar: estado de prosperidad.

educación: proceso de enseñar y aprender en la escuela.

electo: elegido para un cargo del gobierno.

evento: algo que ocurre en un momento y un lugar concretos.

influir: producir determinados efectos.

representante: alguien que actúa en nombre de un grupo.